¡Sé las reglas!

¡LEVANTO LA MANO!

Por Bray Jacobson

Gareth Stevens PUBLISHING

Please visit our website, www.garethstevens.com. For a free color catalog of all our high-quality books, call toll free 1-800-542-2595 or fax 1-877-542-2596.

Library of Congress Cataloging-in-Publication Data

Names: Jacobson, Bray, author.
Title: ¡Levanto la mano! / Bray Jacobson.
Description: Buffalo, New York : Gareth Stevens Publishing, [2024] | Series: ¡Sé las reglas! | Includes index.
Identifiers: LCCN 2022051473 (print) | LCCN 2022051474 (ebook) | ISBN 9781538290880 (library binding) | ISBN 9781538290873 (paperback) | ISBN 9781538290897 (ebook)
Subjects: LCSH: Courtesy–Juvenile literature. | Social skills in children–Juvenile literature. | Children–Conduct of life–Juvenile literature.
Classification: LCC BJ1533.C9 J33 2024 (print) | LCC BJ1533.C9 (ebook) | DDC 177/.1–dc23/eng/20230120
LC record available at https://lccn.loc.gov/2022051473
LC ebook record available at https://lccn.loc.gov/2022051474

Published in 2024 by
Gareth Stevens Publishing
2544 Clinton Street
Buffalo, NY 14224

Designer: Claire Wrazin
Editor: Kristen Nelson
Translator: Michelle Richau

Photo credits: cover, pp. 5, 7, 9, 11 (main), 17 wavebreakmedia/Shutterstock.com; pp. 11 (pass), 24 (pass) Stephen Coburn/Shutterstock.com; p. 11 (arrow) Lyudmyla Ishchenko/Shutterstock.com; p. 13 Monkey Business Images/Shutterstock.com; p. 15 UfaBizPhoto/Shutterstock.com; pp. 19, 21, 23 fizkes/Shutterstock.com; p. 23 sivilla/Shutterstock.com; p. 24 (nurse) Pixel-Shot/Shutterstock.com.

Printed in the United States of America

CPSIA compliance information: Batch #CSGS24: For further information contact Gareth Stevens, at 1-800-542-2595.

Contenido

Levanto la mano en escuela.
Es una regla.

Señora Patel hace una pregunta.
Josh levanta la mano.
Ella lo llama.

1+1=2

Gabrielle necesita el
pase de baño.
Ella levanta la mano.

Señora Patel le da a ella el pase.

GIRL'S PASS

Señor Gerrity tiene trabajos para la clase. Lana levanta la mano. Ella quiere ayudar.

three
Bonds

Ella ordena los libros.

Sylvester se siente mal.
Él levanta la mano.
La enfermera le ayuda.

Jace levanta la mano en casa. Muestra a su papá que él necesita algo.

Papá está hablando por teléfono.
Jace necesita ayuda.
Jace levanta la mano.

Su papá toma una pausa de su llamada.

Palabras clave

enfermera

pase

Índice